하루 두 장 맞춤법 완전 정복 홈스쿨링

"마법의 맞춤법 띄어쓰기"

3 틀리기 쉬운 띄어쓰기 완전 정복

생각디딤돌 창작교실 엮음
동리문학원 감수
문학나무 편집위원회 감수

생각디딤돌

차례

꼭 알아야 할 띄어쓰기

틀리기 쉬운 띄어쓰기

낱말을 분명히 맞게 쓴 것
같은데 왜 틀렸지?
《틀리기 쉬운 띄어쓰기 완전 정복》으로
국어 왕이 되겠어!

하루 2장의 기적!
틀리기 쉬운 띄어쓰기
완전 정복하고 국어 왕 되기!

틀리기 쉬운 띄어쓰기 완전 정복하기!

언어를 빠르고 편하게 배우고 익힐 수 있는 방법은 아빠, 또는 엄마한테 배우는 것입니다. 아기는 아빠나 엄마 등 가족의 말을 반복해서 듣고 자라면서 자연스럽게 언어를 배우고 익힙니다. 그런 것처럼 초등 한글 맞춤법도 틀리기 쉬운 낱말을 반복해서 배우고 익히다 보면 자연스럽게 내 것이 됩니다.
동화책이나 다른 여러 책을 읽을 때는 재미 위주로 읽기 때문에 낱말을 정확히 기억하기 어렵습니다. 하지만 《틀리기 쉬운 띄어쓰기 완전 정복》은 틀린 줄도 모른 채 넘어갈 수 있는 단어들을 정확하게 머릿속에 입력할 수 있도록 꾸몄습니다. 아기가 엄마가 하는 말을 반복해 들으면서 완전하게 따라 하듯이 말이죠.

모든 교과 학습의 시작인 글자 바로 쓰기!

누군가 읽기도 어렵고 함부로 휘갈겨 쓴 손글씨를 보여 준다면 썩 기분 좋은 일은 못 될 것입니다. 반대로 바른 글씨체로 또박또박 쓴 손글씨를 읽는다면 그 글씨를 쓴 사람에 대해서도 높은 점수를 줄 것입니다.
스마트폰이 보급되고 멀티미디어 교육 환경이 갖추어지면서 글씨를 쓰는 일이 많이 줄어들고, 컴퓨터 키보드나 스마트폰 터치를 통한 타이핑이 더 익숙해졌습니다. 하지만 바른 글씨는 실제로 학습에도 영향을 미친다는 것을 잊지 말아야 합니다. 《틀리기 쉬운 띄어쓰기 완전 정복》에는 안내 선이 표시되어 있어 안내 선을 따라 글씨를 쓰다 보면 바른 글쓰기 훈련을 할 수 있습니다.

미래의 경쟁력인 글쓰기!

미국 하버드 대학이 신입생 대상 글쓰기 프로그램을 의무화한 것은 1872년입니다. 자그마치 거의 150년 전입니다. 자기 분야에서 진정한 프로가 되려면 글쓰기 능력을 길러야 한다는 것이 목적이었습니다. 우리나라는 어떨까요? 서울대는 2017년 6월에야 '글쓰기 지원센터'를 설립했습니다.

어느 분야로 진출하든 글쓰기는 미래 경쟁력입니다. 《틀리기 쉬운 띄어쓰기 완전 정복》은 짧은 글이라도 매일 써 보는 훈련을 할 수 있도록 꾸몄습니다. 따라 쓰기를 하다 보면 내 글이 자연스럽게 나오기 때문입니다.

짧은 글이라도 매일 써 보는 훈련의 필요성!

어린이들이 글쓰기를 즐기게 하려면 제일 먼저 해야 할 일이 '원고지 만만하게 보기'입니다. 어떤 글이든 빨간 펜으로 잘못된 곳을 일일이 교정해 주기보다는 칭찬을 먼저 해 준다면 '원고지 만만하게 보기'는 아주 쉽게 해결될 것입니다. 《틀리기 쉬운 띄어쓰기 완전 정복》 교재를 통해 우리 어린이들이 글쓰기를 두려워하기보다는 '쉽고 만만한' 재미있는 놀이로 여길 수 있기를 기대해 봅니다.

꼭 알아야 할
띄어쓰기

띄어 말하기는 없어요. 그런데 왜 띄어쓰기는 있을까요? 띄어쓰기는 우리말과 글을 바르게 쓰자는 약속과 같은 거예요. 그러니까 띄어쓰기를 하는 이유는 누구든지 글을 정확하고 빠르게 읽을 수 있게 하자는 뜻이 담겼어요.

이 장에서는 우리가 꼭 알아야 할 띄어쓰기를 쉽게 배울 수 있도록 했어요.

한글 맞춤법 총칙을 보면 문장의 각 낱말은 전부 띄어 쓰는 것을 원칙으로 한다고 되어 있어요.

하지만 예외 규칙도 있으니 주의해야 해요.

성과 이름 쓰기

'박희라 / 류현진'과 같이 성과 이름을 쓸 경우에는 붙여서 씁니다.
'선우 미정 / 남궁 원희'처럼 성이 두 자일 때는 성과 이름을 띄어 써도 됩니다.

내 친구 이름은 박미경이에요. 선우 미정도 친구예요.

따라서 써 볼까요?

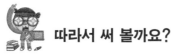

친	구		중	에		박	수	현	,	이
친	구		중	에		박	수	현	,	이
미	경	하	고		제	일		친	해	요.
미	경	하	고		제	일		친	해	요.

아래 칸에 바르게 써 볼까요?

내 이름은 조미나입니다.

문장에 맞게 띄어쓰기를 해 볼까요?

내친구이름은김민지예요.

정답 : 내 친구 이름은 김민지예요.

호칭이나 직책 쓰기

'김지성 선생님 / 김연아 선수 / 오윤아 씨 / 진구 오빠' 등과 같이 직책이나 호칭을 쓸 경우에는 띄어서 씁니다.

민혜경 선생님은 엄마처럼 자상해요. 작년에는 경석 오빠 담임 선생님이셨어요.

따라서 써 볼까요?

이	국	종		교	수	님	은		존	경
이	국	종		교	수	님	은		존	경
스	러	운		분	입	니	다	.		
스	러	운		분	입	니	다	.		

아래 칸에 바르게 써 볼까요?

손흥민 선수가 골을 넣었어요.

문장에 맞게 띄어쓰기를 해 볼까요?

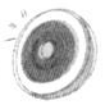

김병만족장을소개할게요.

정답 : 김병만 족장을 소개할게요.

고유 명사 쓰기

'대한 초등학교'로 쓰는 것이 원칙이지만 '대한초등학교'로 붙여 써도 됩니다.
'광개토 대왕'의 경우 '대왕'은 띄어 쓰고, '광개토왕'의 경우 '왕'을 붙여 씁니다.

우리 서울초등학교 교문 앞에는 세종 대왕 동상이 있어요.

따라서 써 볼까요?

광	개	토		대	왕	은		고	구	려
광	개	토		대	왕	은		고	구	려
의		뛰	어	난		왕	입	니	다	.
의		뛰	어	난		왕	입	니	다	.

아래 칸에 바르게 써 볼까요?

나는 대한초등학교에 다녀요.

문장에 맞게 띄어쓰기를 해 볼까요?

자랑스러운대한민국!

정답 : 자랑스러운 대한민국!

낱말로 굳어진 말 쓰기

'고려청자'처럼 낱말로 굳어졌거나 '난중일기 / 열하일기'처럼 역사적인 책 등은 붙여 씁니다.

난중일기는 이순신 장군이 쓴 일기예요. 열하일기는 박지원이 쓴 일기라고 해요.

따라서 써 볼까요?

난	중	일	기	는		이	순	신		장
난	중	일	기	는		이	순	신		장
군	이		쓴		일	기	입	니	다	.
군	이		쓴		일	기	입	니	다	.

아래 칸에 바르게 써 볼까요?

고려청자는 소중한 보물!

문장에 맞게 띄어쓰기를 해 볼까요?

단군신화는재미있습니다.

정답 : 단군신화는 재미있습니다.

지명 쓰기

'서울특별시 / 인천광역시', '백령도 / 백두산', '태백산맥 / 아마존강'처럼 지명 뒤에 오는 도, 시, 읍, 면, 섬, 산, 강 등은 붙여 씁니다.

우리 집 주소는 서울특별시 종로구 효자동으로 되어 있습니다.

따라서 써 볼까요?

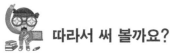

우	리		가	족	은		부	산	광	역
우	리		가	족	은		부	산	광	역
시	에		삽	니	다	.				
시	에		삽	니	다	.				

아래 칸에 바르게 써 볼까요?

아마존강은 아주 긴 강입니다.

문장에 맞게 띄어쓰기를 해 볼까요?

서울특별시종로구원서동

정답 : 서울특별시 종로구 원서동

동·식물, 곤충 등의 이름 쓰기

'긴꼬리원숭이 / 이팝나무'처럼 둘 이상의 낱말로 이루어진 동·식물과 곤충 등의 이름은 붙여서 씁니다.

꽃이 하얀 이팝나무는 멀리에서 보면 쌀이 쌓인 것처럼 보여서 쌀나무라고도 합니다.

따라서 써 볼까요?

긴꼬리원숭이는 재주가 ∨

긴꼬리원숭이는 재주가

뛰어납니다.

뛰어납니다.

아래 칸에 바르게 써 볼까요?

남산제비꽃이 활짝 피었어요.

문장에 맞게 띄어쓰기를 해 볼까요?

노루궁뎅이버섯이예뻐요.

정답 : 노루궁뎅이버섯이 예뻐요.

숫자 쓰기

숫자는 만 단위로 띄어 씁니다. '456,789원'은 '사십오만 육천칠백팔십구 원'이라고 띄어서 씁니다. 아라비아 숫자로 쓸 때는 '45만 6,789원'이라고 씁니다. 만 단위를 넘어가지 않는 숫자는 '스물다섯', '백삼십구'처럼 씁니다.

따라서 써 볼까요?

내		책	가	방	은		6	만		9
내		책	가	방	은		6	만		9

천		원	에		샀	어	요	.		
천		원	에		샀	어	요	.		

아래 칸에 바르게 써 볼까요?

형은 스물다섯 살입니다.

문장에 맞게 띄어쓰기를 해 볼까요? 

누나는열두살이에요.

정답 : 누나는 열두 살이에요.

단위를 나타내는 말 쓰기

'연필 열 자루 / 송아지 스무 마리 / 장미꽃 열 송이' 등과 같이 단위를 나타낼 때는 앞의 말과 띄어 씁니다.

할아버지는 젖소 스무 마리를 키워요. 그중에서 다섯 마리는 송아지입니다.

따라서 써 볼까요?

연 필 열 자 루 , 공 책

연 필 열 자 루 , 공 책

다 섯 권 이 있 어 요 .

다 섯 권 이 있 어 요 .

아래 칸에 바르게 써 볼까요?

나팔꽃 스무 송이가 피었네.

문장에 맞게 띄어쓰기를 해 볼까요?

도서관에서빌린책세권

정답 : 도서관에서 빌린 책 세 권

말과 말을 이어 주는 말 쓰기

'토끼, 노루 등 / 엄마 겸 주부'처럼 '겸, 대, 또는, 등, 및' 등의 말은 띄어 씁니다.

동물원에 갔더니 사자, 코끼리, 여우 등 많은 동물이 살고 있었어요.

따라서 써 볼까요?

청	군		대		백	군	의		경	기
청	군		대		백	군	의		경	기
가		흥	미	진	진	했	어	요	.	
가		흥	미	진	진	했	어	요	.	

아래 칸에 바르게 써 볼까요?

나는 학생 겸 달리기 선수야.

문장에 맞게 띄어쓰기를 해 볼까요?

엄마는주부겸회사원

정답 : 엄마는 주부 겸 회사원

겹치는 말 쓰기

'조용조용 / 이러나저러나'처럼 비슷한 말이 겹칠 때는 붙여 씁니다.

가을 산은 울긋불긋 아름다워요.
단풍은 가을만 되면 조용조용 온 산을 돌아다니나 봐요.

따라서 써 볼까요?

아 기 가 자 고 있 으 니 까 ∨

아 기 가 자 고 있 으 니 까

조 용 조 용 걸 어 요 .

조 용 조 용 걸 어 요 .

아래 칸에 바르게 써 볼까요?

다디단 사탕을 먹었어요.

문장에 맞게 띄어쓰기를 해 볼까요?

울긋불긋단풍이물든산

정답 : 울긋불긋 단풍이 물든 산

뒤의 말을 꾸며 주는 말 쓰기

'새 옷 / 각 학교'처럼 뒤에 오는 말의 뜻을 더 자세히 꾸미는 말은 띄어 씁니다.

설날이라 모두 새 옷을 갖춰 입었어요.
새 옷을 입고 세배를 하면 의젓해지는 기분이 좋아요.

따라서 써 볼까요?

오	늘		아	침	에		새		옷	을 ∨
오	늘		아	침	에		새		옷	을
입	고		학	교	에		갔	어	요	.
입	고		학	교	에		갔	어	요	.

아래 칸에 바르게 써 볼까요?

각 나라마다 다른 국기

문장에 맞게 띄어쓰기를 해 볼까요?

각학교마다다른교가

정답 : 각 학교마다 다른 교가

색상을 나타내는 말 쓰기

'빨간색 / 노란색'처럼 빛깔 이름은 모두 붙여 씁니다.

비가 오면 학교 앞은 빨주노초파남보 무지개 우산 밭이 되어요.
내 우산은 빨간색이고, 친구 우산은 보라색이에요.

따라서 써 볼까요?

빨간색 치마, 노란색

저고리를 입었어요.

아래 칸에 바르게 써 볼까요?

보라색 제비꽃을 그렸어요.

문장에 맞게 띄어쓰기를 해 볼까요?

노란색털이예쁜병아리

정답 : 노란색 털이 예쁜 병아리

낱말 퀴즈 박사 되기

1

아래 글을 읽고, 맞는 단어에 ○해 볼까요?

1. 제 이름은 (김경은 / 김 경은)이라고 합니다.
2. 한글은 (세종대왕 / 세종 대왕)이 만들었어요.
3. 나는 (김종민형 / 김종민 형)을 좋아해요
4. 영국의 수도는 (런던시 / 런던 시)예요.
5. (장수 하늘소 / 장수하늘소)는 천연기념물이에요.
6. 상금으로 (이십만원 / 이십만 원)을 받았어요.
7. 동화책 (두 권 / 두권)을 선물했어요.
8. 색칠하기는 (공부겸놀이 / 공부 겸 놀이)예요.
9. 노을이 (곱디곱게 / 곱디 곱게) 물들었어요.
10. 병아리는 (노란 색/ 노란색) 털이 예뻐요.

정답

1 1. 김경은 2. 세종 대왕 3. 김종민 형 4. 런던시 5. 장수하늘소 6. 이십만 원 7. 두 권 8. 공부 겸 놀이 9. 곱디곱게 10. 노란색

2 1. 연두색 2. 초록색 3. 빨간색 4. 새 옷

3 1. 김연아 2. 장수하늘소 3. 호랑나비 4. 오백 원 5. 노란색

2

낱말을 찾아 어린이 시를 완성해 볼까요?

- 빨간색
- 새 옷
- 연두색
- 초록색

제목 : 단풍나무

단풍나무가 옷가게에 다녀왔다
봄에는 (   ) 옷
여름에는 (   ) 옷
가을에는 (   ) 옷
겨울에는 벌거벗고 서서
내년에 입을
(   )을 생각한다

3

끝말잇기에 맞는 낱말을 찾아볼까요?

- 호랑나비
- 오백 원
- 노란색
- 장수하늘소
- 김연아

1. (   ) ▸▸ 아가 ▸▸ 가위 ▸▸ 위장
2. 불국사 ▸▸ 사장 ▸▸ (   ) ▸▸ 소문
3. 번호 ▸▸ (   ) ▸▸ 비누 ▸▸ 누나
4. 사오정 ▸▸ 정오 ▸▸ (   ) ▸▸ 원고지
5. (   ) ▸▸ 색종이 ▸▸ 이발 ▸▸ 발자국

틀리기 쉬운 띄어쓰기

'아버지가 방에 들어가신다'를 잘못 띄어 쓰면
'아버지 가방에 들어가신다'라는 말이 되는 것처럼,
같은 소리가 나는 말도 띄어쓰기를 잘못하면 뜻이 달라질 수 있으므로
주의해야 해요.

이웃 간 / 국가 간

'이웃 간 / 서울 · 부산 간'처럼 어떤 것에서 다른 것까지의 사이나 거리를 나타낼 때는 띄어 씁니다.

이웃 간에는 사이가 좋아야 해요. 그러려면 이웃 간의 소음을 조심해야 해요.

따라서 써 볼까요?

서	울	·	강	릉		간		K	T	X
서	울	·	강	릉		간		K	T	X
가		개	통	됐	어	요	.			
가		개	통	됐	어	요	.			

아래 칸에 바르게 써 볼까요?

많이 다른 지역 간의 풍습

문장에 맞게 띄어쓰기를 해 볼까요?

육지와강간에놓인다리

정답 : 육지와 강 간에 놓인 다리

한 달간 / 형제간

시간이 지난 것을 나타낼 때,
사람 사이의 관계를 나타낼 때의 '-간'은 앞말과 붙여 씁니다.

아빠는 십 년간 지방에서 근무하고 있어요. 아빠와 나는 형제간처럼 다정하게 놀아요.

따라서 써 볼까요?

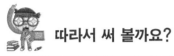

아	빠	는		삼	십		년	간		한
아	빠	는		삼	십		년	간		한
직	장	에		다	녀	요	.			
직	장	에		다	녀	요	.			

∨

아래 칸에 바르게 써 볼까요?

지난 십 년간 못 만났어요.

문장에 맞게 띄어쓰기를 해 볼까요?

우리는형제간처럼지내요.

정답 : 우리는 형제간처럼 지내요.

모두 같이 / 형과 같이

'둘 이상이 함께'라는 뜻의 '∨ 같이'는 앞말과 띄어 씁니다.

친구들과 모두 같이 노는 일은 정말 즐거워요. 형과 같이 노는 것도 재미있지만요.

속담 : 같이 우물 파고 혼자 먹는다. ▶여럿이 노력한 성과를 혼자서 차지한다는 뜻.

따라서 써 볼까요?

일	요	일	에		형	하	고		같	이	∨
일	요	일	에		형	하	고		같	이	
북	한	산		등	산	을		했	어	요.	∨
북	한	산		등	산	을		했	어	요.	

아래 칸에 바르게 써 볼까요?

우리 같이 소풍 가자.

문장에 맞게 띄어쓰기를 해 볼까요?

모두같이노래를불러요.

정답 : 모두 같이 노래를 불러요.

새벽같이 / 매일같이

'처럼'으로 바꿔 쓸 수 있는 '-같이'는 앞말과 붙여 씁니다.

매일같이 지각을 해서 선생님께 꾸중을 들었어요.
새벽같이 일어나는 습관을 들여야 되겠어요.

따라서 써 볼까요?

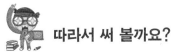

청	년	같	이		건	강	하	고		튼
청	년	같	이		건	강	하	고		튼
튼	한		우	리		아	빠			
튼	한		우	리		아	빠			

아래 칸에 바르게 써 볼까요?

우리 엄마는 꽃같이 예뻐요.

문장에 맞게 띄어쓰기를 해 볼까요?

인형같이예쁜우리동생

정답 : 인형같이 예쁜 우리 동생

있는 걸 / 했는 걸

'것을'이라는 뜻으로 쓰이는 '∨ 걸'은 앞말과 띄어 씁니다.

친구를 괴롭히지 말 걸 그랬어.
만나면 내가 먼저 웃으면서 인사할 걸 그랬어.

따라서 써 볼까요?

엄	마	와		함	께		가	지		않
엄	마	와		함	께		가	지		않
은		걸		후	회	했	어	요	.	
은		걸		후	회	했	어	요	.	

아래 칸에 바르게 써 볼까요?

소리가 난 걸 어떻게 알았지?

문장에 맞게 띄어쓰기를 해 볼까요?

억지로뛰지말걸그랬어.

정답 : 억지로 뛰지 말 걸 그랬어.

떠난걸 / 끝난걸

가벼운 후회나 감탄, 혼잣말의 끝에 쓰일 때의 '-걸'은 앞말과 붙여 씁니다.

여긴 정말 멋진 풍경인걸

친구한테 같이 오자고 할걸.

따라서 써 볼까요?

평소에 예습과 복습을 ∨

평소에 예습과 복습을

열심히 할걸.

열심히 할걸.

아래 칸에 바르게 써 볼까요?

아빠 말씀을 잘 들을걸.

문장에 맞게 띄어쓰기를 해 볼까요?

내가먼저사과할걸.

정답 : 내가 먼저 사과할걸.

본 대로 / 아는 대로

'∨ 대로'가 어떤 상태나 행동이 일어난 그 즉시라는 뜻으로 쓰일 때는 앞말과 띄어 씁니다.

선생님이 나를 불러서 어제 일을 본 대로 아는 대로 설명하라고 하셨어요.

따라서 써 볼까요?

하고 싶은 대로 다

하고 싶은 대로 다

할 수는 없어요.

할 수는 없어요.

아래 칸에 바르게 써 볼까요?

그림을 붓 가는 대로 그려요.

문장에 맞게 띄어쓰기를 해 볼까요?

마음먹은대로잘됐어요.

정답 : 마음먹은 대로 잘됐어요.

법대로 / 나대로

앞에 오는 말과 달라짐이 없을 때의 '-대로'는 앞말과 붙여 씁니다.

누나가 대추를 큰 것은 큰 것대로 따로 골랐어요.
나는 나대로 작은 것만 골랐어요.

따라서 써 볼까요?

죄를 지었으니 법대로 ∨
벌을 받아야 해요.

아래 칸에 바르게 써 볼까요?

너는 너대로 결정해.

문장에 맞게 띄어쓰기를 해 볼까요?

나는나대로생각해볼게.

정답 : 나는 나대로 생각해 볼게.

가는 데 / 사는 데

장소를 나타낼 때의 '∨ 데' 는 앞말과 띄어 씁니다.

지금 네가 가려는 데가 어디야? 내가 가려는 데가 어딘지 네가 알아서 뭐하게?

속담 : 화재 난 데 도둑질. ▶남의 불행을 이용하여 자신의 이익을 채우려 한다는 뜻.

따라서 써 볼까요?

우	리	가		가	는		데	가		어
우	리	가		가	는		데	가		어
디	일	까	?							
디	일	까	?							

아래 칸에 바르게 써 볼까요?

네가 가는 데가 어디야?

문장에 맞게 띄어쓰기를 해 볼까요?

의지할데없는내친구

정답 : 의지할 데 없는 내 친구

하는데 / 보는데

행동을 나타낼 때의 '-데'는 앞말과 붙여 씁니다.

숙제하는데 엄마가 심부름을 시켰어요.
만화를 보는데 이번에는 동생이 방해했고요.

따라서 써 볼까요?

학교에 가는데 갑자기 ∨

비가 쏟아졌어요.

아래 칸에 바르게 써 볼까요?

숙제하는데 왜 방해해?

문장에 맞게 띄어쓰기를 해 볼까요?

집에가는데친구가불러요.

정답 : 집에 가는데 친구가 불러요.

일 년 만 / 십 년 만

시간의 흐름으로 나타낼 때의 '∨ 만'은 앞말과 띄어 씁니다.

삼 년 만에 이모를 만났어요.
삼 년 만에 만나는 이모가 몹시 반가웠어요.

따라서 써 볼까요?

삼 년 만에 고향 친
구를 만났어요.

아래 칸에 바르게 써 볼까요?

동생이 일 년 만에 한글을 뗐어요.

문장에 맞게 띄어쓰기를 해 볼까요?

일을한시간만에끝냈다.

정답 : 일을 한 시간 만에 끝냈다.

하기만 / 그러기만

비교의 뜻을 나타낼 때의 '-만'은 앞말과 붙여 씁니다.

친구는 내가 장난만 하면 화를 내요.
또 그러기만 하면 가만두지 않겠다고 하면서요.

따라서 써 볼까요?

고기만 먹으면 건강에 ∨

고기만 먹으면 건강에

좋지 않아요.

좋지 않아요.

아래 칸에 바르게 써 볼까요?

청군 실력이 백군만 못해요.

문장에 맞게 띄어쓰기를 해 볼까요?

동생만예뻐하는엄마

정답 : 동생만 예뻐하는 엄마

주는 만큼 / 보는 만큼

수량이나 정도를 나타낼 때의 '∨ 만큼'은 앞말과 띄어 씁니다.

무슨 일이든 노력한 만큼 결과를 얻는다고 해요.
그렇지만 운동 실력은 고생한 만큼 좋아지는 것은 아닌가 봐요.

따라서 써 볼까요?

노	력	한		만	큼		대	가	를	
노	력	한		만	큼		대	가	를	
얻	어	요	.							
얻	어	요	.							

아래 칸에 바르게 써 볼까요?

숨소리가 들릴 만큼 조용해요.

문장에 맞게 띄어쓰기를 해 볼까요?

공부한만큼점수를받았어.

정답 : 공부한 만큼 점수를 받았어.

하늘만큼 / 땅만큼

앞말과 비슷한 정도를 나타낼 때의 '-만큼'은 앞말과 붙여 씁니다.

동생은 매일 엄마 옆에서 자려고 해요.
자기는 엄마가 하늘만큼 땅만큼 좋다나요.

따라서 써 볼까요?

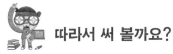

엄	마	만	큼		상	냥	한		분	은	∨
엄	마	만	큼		상	냥	한		분	은	
없	을		거	예	요	.					
없	을		거	예	요	.					

아래 칸에 바르게 써 볼까요?

비행기만큼 빠른 기차

문장에 맞게 띄어쓰기를 해 볼까요?

철수만큼잘할수있어.

정답 : 철수만큼 잘할 수 있어.

문 밖 / 창 밖

바깥의 뜻으로 쓰일 때의 '∨ 밖'은 앞말과 띄어 씁니다.

창 밖으로 하얗게 쌓인 눈이 보였어요. 장갑을 끼고 문 밖으로 나갔어요.

속담: 물 밖에 난 고기. ▶능력을 발휘할 수 없는 처지에 몰린 사람을 뜻함.

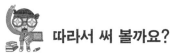

따라서 써 볼까요?

예 상 밖으로 점수가

예 상 밖으로 점수가

좋았어요.

좋았어요.

아래 칸에 바르게 써 볼까요?

문 밖으로 나가야 해요.

문장에 맞게 띄어쓰기를 해 볼까요?

그만밖에나가서놀아라.

정답 : 그만 밖에 나가서 놀아라.

너밖에 / 나밖에

피할 수 없는 뜻을 나타낼 때의 '-밖에'는 앞말과 붙여 씁니다.

하나밖에 안 남은 사탕을 친구에게 주었어요.
친구는 자기를 좋아하는 사람은 나밖에 없대요.

따라서 써 볼까요?

다		먹	고		이	거		하	나	밖
다		먹	고		이	거		하	나	밖
에		남	지		않	았	어	요	.	
에		남	지		않	았	어	요	.	

아래 칸에 바르게 써 볼까요?

내 친구는 짝꿍밖에 없어요.

문장에 맞게 띄어쓰기를 해 볼까요?

노래할사람은나밖에없어.

정답 : 노래할 사람은 나밖에 없어.

그랬나 보다 / 싶은가 보다

앞말이 뜻하는 행동이나 상태를 나타낼 때의 '∨ 보다'는 앞말과 띄어 씁니다.

아픈 엄마는 외할머니가 많이 보고 싶은가 보다.
외할머니 오시라고 말할 걸 그랬나 보다.

따라서 써 볼까요?

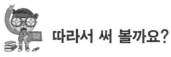

친	구	는		내	가		보	고		싶
친	구	는		내	가		보	고		싶
은	가		보	다	.					
은	가		보	다	.					

아래 칸에 바르게 써 볼까요?

아빠는 오늘도 늦나 보다.

문장에 맞게 띄어쓰기를 해 볼까요?

말할걸그랬나보다.

정답 : 말할 걸 그랬나 보다.

나보다 / 너보다

서로 차이가 있는 것을 비교할 때의 '-보다'는 앞말에 붙여 씁니다.

형은 나보다 공부를 훨씬 잘합니다.
대신 나는 형보다 축구를 훨씬 잘합니다.

따라서 써 볼까요?

작	년	보	다		올	여	름	이		열
작	년	보	다		올	여	름	이		열
배	는		더	워	요	.				
배	는		더	워	요	.				

∨

아래 칸에 바르게 써 볼까요?

형은 나보다 키가 커요.

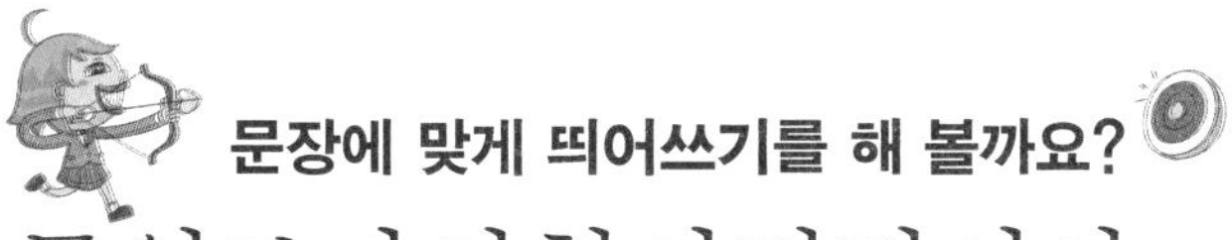

문장에 맞게 띄어쓰기를 해 볼까요?

무엇보다시험이걱정이야.

정답 : 무엇보다 시험이 걱정이야.

있을 뿐 / 없을 뿐

'그러하다'라는 뜻을 나타낼 때의 '∨ 뿐'은 앞말과 띄어 씁니다.

우리 집에는 강아지 한 마리가 있을 뿐입니다.
고양이는 없을 뿐만 아니라 좋아하지도 않습니다.

따라서 써 볼까요?

시	간	만		보	냈	을		뿐	이	지 ∨
시	간	만		보	냈	을		뿐	이	지
한		일	은		없	다	.			
한		일	은		없	다	.			

아래 칸에 바르게 써 볼까요?

말만 들었을 뿐입니다.

문장에 맞게 띄어쓰기를 해 볼까요?

구경만할뿐나서지않아.

정답 : 구경만 할 뿐 나서지 않아.

이것뿐 / 저것뿐

그 이상 더는 없다는 뜻을 나타낼 때의 '-뿐'은 앞말과 붙여 씁니다.

내가 친구를 이길 방법은 힘뿐입니다.
나는 실력뿐만 아니라 참을성도 부족하기 때문입니다.

따라서 써 볼까요?

학교에서뿐만 아니라

학교에서뿐만 아니라

집에서도 시끄러워요.

집에서도 시끄러워요.

아래 칸에 바르게 써 볼까요?

우리가 할 일은 통일뿐!

문장에 맞게 띄어쓰기를 해 볼까요?

믿을것은실력뿐!

정답 : 믿을 것은 실력뿐!

이 사람 / 저 사람

'이 사람 / 저 사람' 등 뒷말을 꾸며주는 경우에는 앞말과 띄어서 씁니다.

앉아 있는 이 사람은 누구야?
이 사람은 저 사람 동생이야.

따라서 써 볼까요?

철수야, 너 이 사람이 ∨
철수야, 너 이 사람이

누군지 알아?
누군지 알아?

아래 칸에 바르게 써 볼까요?

저 사람이 입은 옷은 아주 멋져요.

문장에 맞게 띄어쓰기를 해 볼까요?

그사람이누구인지몰라요.

정답 : 그 사람이 누구인지 몰라요.

이쪽 / 저것

'이쪽 / 저것 / 그것' 등은 하나의 낱말로 인정하기 때문에 앞말과 붙여 씁니다.

"네가 이쪽으로 오면 좋겠어. 그럼 저것 타면서 놀 수 있잖아."
나는 친구에게 자전거를 가리켰어요.

따라서 써 볼까요?

이쪽이 학교로 가는

이쪽이 학교로 가는

지름길이에요.

지름길이에요.

아래 칸에 바르게 써 볼까요?

저것이 새로 산 자전거예요.

문장에 맞게 띄어쓰기를 해 볼까요?

그것도많이모자랐어요.

정답 : 그것도 많이 모자랐어요.

시작한 지 / 만난 지

'시작한 지 / 만난 지 / 떠난 지'처럼 시간의 경과를 나타낼 때는 앞말과 띄어 씁니다.

아기가 태어난 지 벌써 한 달이 되었어요.
아파서 병원에 입원한 지는 일주일이 되었고요.

따라서 써 볼까요?

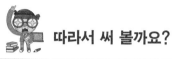

태	권	도	를		시	작	한		지	
태	권	도	를		시	작	한		지	
삼		년	이		되	었	어	요	.	
삼		년	이		되	었	어	요	.	

아래 칸에 바르게 써 볼까요?

만난 지 한 시간 됐어요.

문장에 맞게 띄어쓰기를 해 볼까요?

못본지얼마나됐지?

정답 : 못 본 지 얼마나 됐지?

되는지 / 하는지

'되는지 / 하는지 / 마는지'처럼 의문을 나타낼 때는 앞말과 붙여 씁니다.

친구 집에 놀러 가도 되는지 모르겠어요.
친구가 나를 싫어하는 것은 아닌지 걱정이 돼요.

따라서 써 볼까요?

거	짓	말	쟁	이	를		믿	어	도	
거	짓	말	쟁	이	를		믿	어	도	

되	는	지		모	르	겠	다	.		
되	는	지		모	르	겠	다	.		

아래 칸에 바르게 써 볼까요?

가도 되는지 알려 주세요.

문장에 맞게 띄어쓰기를 해 볼까요?

뭘하는지정말궁금해요.

정답 : 뭘 하는지 정말 궁금해요.

다 하다

어떤 것이 끝나거나 별로 남아 있지 않다는 뜻이 아닌 '다 하다'는 띄어 써야 합니다.

숙제를 빠짐없이 다 했어요. 숙제를 다 하고 나가 놀았어요.

따라서 써 볼까요?

오	늘		할		일	을		다		하
오	늘		할		일	을		다		하
고		게	임	을		했	어	요	.	
고		게	임	을		했	어	요	.	

아래 칸에 바르게 써 볼까요?

심부름을 빠짐없이 다 했어요.

문장에 맞게 띄어쓰기를 해 볼까요?

할일을다하고놀았어요.

정답 : 할 일을 다 하고 놀았어요.

다하다

'다하다'는 어떤 것이 끝나거나 별로 남아 있지 않다는 뜻입니다.

할아버지는 생명이 다할 때까지 가족을 돌보았어요.
생명이 다하도록 고생만 하다 돌아가신 할아버지가 불쌍해요.

따라서 써 볼까요?

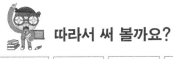

정	성	을		다	해	서		아	빠	
정	성	을		다	해	서		아	빠	
어	깨	를		주	물	렀	어	요	.	
어	깨	를		주	물	렀	어	요	.	

아래 칸에 바르게 써 볼까요?

최선을 다해서 공부했어요.

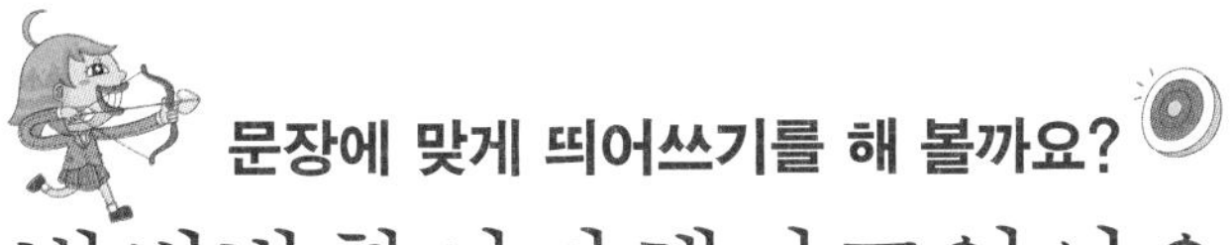

문장에 맞게 띄어쓰기를 해 볼까요?

벌써방학이다해가고있어요.

정답 : 벌써 방학이 다해 가고 있어요.

안 되다

'되지 않다'라는 부정이나 반대의 뜻을 나타내는 '안 되다'는 띄어 씁니다.

교실에서 뛰어다니면 안 됩니다.
당연히 복도에서 뛰어도 안 되고요.

따라서 써 볼까요?

도서관에서 큰 소리로 ∨

도서관에서 큰 소리로

떠들면 안 돼요.

떠들면 안 돼요.

아래 칸에 바르게 써 볼까요?

안 먹고는 살 수가 없어요.

문장에 맞게 띄어쓰기를 해 볼까요?

다시는그애를안만나.

정답 : 다시는 그 애를 안 만나.

안되다

불쌍해 보인다, 좋게 이루어지지 않는다는 뜻의 '안되다'는 붙여 씁니다.

엄마가 아파서 얼굴이 안돼 보였어요.
아픈데도 우리 밥을 챙기는 모습을 보니까 엄마가 더 안돼 보였어요.

따라서 써 볼까요?

공 부 가 안 돼 서 잠 깐

쉬 고 있 어 요 .

아래 칸에 바르게 써 볼까요?

얼굴이 안돼 보여요.

문장에 맞게 띄어쓰기를 해 볼까요?

과일농사가안돼큰일이다.

정답 : 과일 농사가 안돼 큰일이다.

앉을 자리

'앉을 자리'는 사람이 앉을 만한 자리를 뜻합니다.

사람이 너무 많아서 앉을 자리가 없어요.
앉을 자리를 찾아 한동안 돌아다녔어요.

따라서 써 볼까요?

동생들이 앉을 자리를 ∨

동생들이 앉을 자리를

따로 만들었어요.

따로 만들었어요.

아래 칸에 바르게 써 볼까요?

전철을 타면 앉을 자리를 찾아요.

문장에 맞게 띄어쓰기를 해 볼까요?

내가앉을자리가없어요.

정답 : 내가 앉을 자리가 없어요.

앉을자리

'앉을자리'는 물건이 자리에 놓이게 된 밑바닥을 뜻합니다.

내 방에 책상이 앉을자리가 필요했어요.
아빠가 옷장 서랍을 치우고 책상 앉을자리를 만들었어요.

따라서 써 볼까요?

세탁기 앉을자리는 평

세탁기 앉을자리는 평

평해야 해요.

평해야 해요.

아래 칸에 바르게 써 볼까요?

의자 앉을자리로는 창가가 좋아요.

문장에 맞게 띄어쓰기를 해 볼까요?

책상앉을자리를만들었어요.

정답 : 책상 앉을자리를 만들었어요.

잘 못하다

'잘 못하다'는 잘하지 못하다는 뜻입니다.

나는 영어는 잘하는데 수학은 정말 잘 못해요.
잘 못하는 수학 때문에 속상해요.

따라서 써 볼까요?

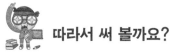

묻	는		말	에		대	답	도		잘
묻	는		말	에		대	답	도		잘
못	해	서		속	상	해	요	.		
못	해	서		속	상	해	요	.		

∨

아래 칸에 바르게 써 볼까요?

수비는 잘해도 공격은 잘 못해요.

문장에 맞게 띄어쓰기를 해 볼까요?

엄마는요리를잘못해요.

정답 : 엄마는 요리를 잘 못해요.

잘못하다

'잘못하다'는 어떤 상황이 안 좋게 되었을 때를 뜻합니다.

로봇 관리를 잘못해서 망가졌어요.
내가 잘못해서 망가졌지만 화가 났어요.

따라서 써 볼까요?

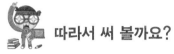

계	산	을		잘	못	해	서		손	해
계	산	을		잘	못	해	서		손	해
를		보	았	어	요	.				
를		보	았	어	요	.				

아래 칸에 바르게 써 볼까요?

잘못하면 오해를 살 수도 있어요.

문장에 맞게 띄어쓰기를 해 볼까요?

잘못해서버스를놓쳤어요.

정답 : 잘못해서 버스를 놓쳤어요.

큰 형 / 큰 바위

'큰' 뒤의 말을 띄어 쓸 경우에는 '크다'라는 뜻이 됩니다.
'작은' 뒤의 말을 띄어 쓰면 작다라는 뜻이 됩니다.

옆집에는 몸집이 큰 형이 살아요. 그 형은 작은 개를 데리고 산책을 나가요.

따라서 써 볼까요?

키	가		큰		형	이		내		앞
키	가		큰		형	이		내		앞
을		가	로	막	았	어	요	.		
을		가	로	막	았	어	요	.		

아래 칸에 바르게 써 볼까요?

큰 바위가 떨어졌어요.

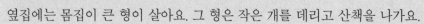

문장에 맞게 띄어쓰기를 해 볼까요?

친구가큰소리로불러요.

정답 : 친구가 큰 소리로 불러요.

큰형 / 큰아버지

앞에 '큰'을 붙이면 '많이'라는 뜻입니다.
또는 '큰소리'처럼 과장된 말을 뜻하기도 합니다.

큰아버지 댁은 시골입니다. 큰집에는 귀여운 강아지가 두 마리 있습니다.

따라서 써 볼까요?

우	리		큰	형	과		나	는		열
우	리		큰	형	과		나	는		열
살		차	이	가		나	요	.		
살		차	이	가		나	요	.		

V

아래 칸에 바르게 써 볼까요?

큰아버지 댁에 세배를 갔어요.

문장에 맞게 띄어쓰기를 해 볼까요?

우리큰형은의젓해요.

정답 : 우리 큰형은 의젓해요.

한 걸음

'한 걸음'은 한 걸음, 두 걸음의 뜻입니다.

아기가 한 걸음 한 걸음 앞으로 걸어갔어요.
넘어지지 않고 한 걸음 두 걸음 걷는 아기가 귀여웠어요.

따라서 써 볼까요?

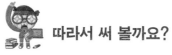

한		걸	음		뒤	로		물	러	섰
한		걸	음		뒤	로		물	러	섰
더	니		앞	이		보	였	어	요	.
더	니		앞	이		보	였	어	요	.

아래 칸에 바르게 써 볼까요?

한 걸음도 못 걷겠어요.

문장에 맞게 띄어쓰기를 해 볼까요?

한걸음한걸음걸었어요.

정답 : 한 걸음 한 걸음 걸었어요.

한걸음

'한걸음'은 쉬지 않고 내처 걷는 걸음이나 움직임을 뜻합니다.

기쁜 소식을 전하려고 한걸음에 달려갔어요.
한걸음에 달려가느라 숨이 찼지만 기분은 좋았어요.

따라서 써 볼까요?

전	화	를		받	고		한	걸	음	에
전	화	를		받	고		한	걸	음	에
달	려	왔	어	요	.					
달	려	왔	어	요	.					

∨

아래 칸에 바르게 써 볼까요?

집까지 한걸음에 뛰었어요.

문장에 맞게 띄어쓰기를 해 볼까요?

형한테한걸음에달려갔어요.

정답 : 형한테 한걸음에 달려갔어요.

한 번

'한 번 / 두 번'처럼 횟수를 나타낼 때는 띄어 씁니다.

친구가 게임을 한 번만 하겠다고 하더니 두 번이나 했어요.

속담 : 한 번 속지 두 번 안 속는다. ▶한 번은 모르고 속아도 두 번은 안 속는다는 뜻.

따라서 써 볼까요?

노	래	를		한		번	만		더	
노	래	를		한		번	만		더	
가	르	쳐		주	세	요	.			
가	르	쳐		주	세	요	.			

아래 칸에 바르게 써 볼까요?

심부름을 한 번 더 갔어요.

문장에 맞게 띄어쓰기를 해 볼까요?

한번만용서해주세요.

정답 : 한 번만 용서해 주세요.

한번

'한번 엎지른 물 / 한번 생각하다' 등 기회나 강조의 뜻을 나타낼 때는 붙여 씁니다.

너는 애들 앞에서 춤 한번 잘 추더라.
나는 부끄러워서 노래 한번 하는 것도 힘든데.

따라서 써 볼까요?

한번 엎지른 물은 주
워 담지 못해요.

아래 칸에 바르게 써 볼까요?

다음 일을 한번 생각해 보자.

문장에 맞게 띄어쓰기를 해 볼까요?

눈을감고한번뛰어봐요.

정답 : 눈을 감고 한번 뛰어 봐요.

낱말 퀴즈 박사 되기

1

아래 글을 읽고, 맞는 단어에 ○해 볼까요?

1. 우리는 (형제간 / 형제 간)처럼 지내요
2. 우리 엄마는 (꽃 같이 / 꽃같이) 예뻐요.
3. 엄마와 함께 가지 (않은 걸 / 않은걸) 후회했어요.
4. 마음이 (가는 대로 / 가는대로) 할 거예요.
5. 학교 (가는 데 / 가는데) 친구가 불렀어요.
6. (노력한 만큼 / 노력한만큼) 대가를 얻어요.
7. 도와주는 사람은 (짝꿍밖에 / 짝꿍 밖에) 없어요.
8. 소문으로 (들었을뿐 / 들었을 뿐)입니다.
9. 도서관에서 큰 소리로 떠들면 (안돼요 / 안 돼요).
10. (이 쪽 / 이쪽)이 학교로 가는 지름길이에요.

정답

1 1. 형제간 2. 꽃같이 3. 않은 걸 4. 가는 대로 5. 가는데 6. 노력한 만큼 7. 짝꿍밖에 8. 들었을 뿐 9. 안 돼요 10. 이쪽

2 1. 물속같이 2. 썼는데 3. 개미만큼 4. 비행기만큼 5. 잘 봤을까

2

낱말을 찾아 어린이 시를 완성해 볼까요?

- 개미만큼
- 물속같이
- 비행기만큼
- 썼는데
- 잘 봤을까

제목 : 시험

시끌벅적하다가도 시험 볼 땐
(   ) 조용해지는 교실

시험이 끝나면 와글와글
나는 1이라고 (   )
너도 1이라고 썼어?
(   ) 작은 내 물음에

아니, 2가 맞고 1은 틀려
(   ) 빠른 친구 대답
이크, 또 틀렸다!

잠도 조금 덜 자고
게임도 덜 했으면
친구처럼 시험을 (   )?

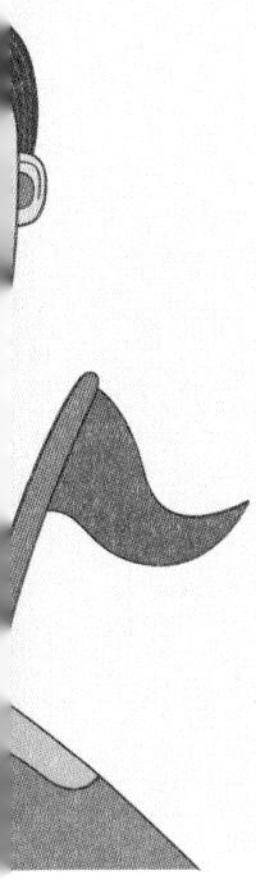

생각디딤돌 창작교실 엮음
생각디딤돌 창작교실은 소설가, 동화작가, 시인, 수필가, 역사학자, 교수, 교사 들이 참여하는 창작 공간입니다.
주로 국내 창작 위주의 책을 기획하며 우리나라 어린이들이 외국의 정서에 앞서 우리 고유의 정서를 먼저 배우고 익히기를 소원하는 작가들의 모임입니다.

문학나무편집위원회 감수
소설가 윤후명 선생님을 비롯한 많은 소설가, 시인, 평론가 등이 활동하며 문예지 〈문학나무〉를 발간하고 있습니다.

동리문학원 감수
소설가 황충상 원장님이 이끌어가는 창작 교실로 우리나라의 많은 문학 작가들의 활동 무대입니다.

마법의 맞춤법 띄어쓰기
3 틀리기 쉬운 띄어쓰기 완전 정복

초판 1쇄 발행 / 2021년 08월 05일
초판 1쇄 인쇄 / 2021년 08월 10일

엮은이 —— 생각디딤돌 창작교실
감　수 —— 문학나무편집위원회, 동리문학원
펴낸이 —— 이영애
펴낸곳 —— 도서출판 생각디딤돌
출판등록 2009년 3월 23일 제135-95-11702
전화 070-7690-2292　팩스 02-6280-2292

ISBN　978-89-93930-60-3(64710)
978-89-93930-52-8(세트)